MW01327753

Supporting
Every Classroom
and Every Child
Sarah Smith
EDUCATION FOUNDATION INC.

# ¿Lo necesitas o lo quieres?

Colleen Hord

rourkeeducationalmedia.com

Scan for Related Titles and Teacher Resources

© 2015 Rourke Educational Media

All rights reserved. No part of this book may be reproduced or utilized in any form or by any means, electronic or mechanical including photocopying, recording, or by any information storage and retrieval system without permission in writing from the publisher.

www.rourkeeducationalmedia.com

PHOTO CREDITS: Cover: © Waxart, Yen Hung Lin; Title Page: © iofoto; Page 3: © Ashok Rodrigues; Page 5: © monkeybusinessimages; Page 7: © Suprijono Suharjoto; Page 9: © Jason Lugo; Page 11: © Cliff Parnell; Page 13: © mangostock; Page 15: © Christina Richards; Page 17: © ; Page 19: © Igor Strukov; Page 21: © Skip ODonnell, Robyn Mackenzie, Carlosalvarez, scubabartek;

Edited by Meg Greve
Traducido y editado por Danay Rodríguez.

Cover design by Tara Ramo
Interior design by Renee Brady

**Library of Congress PCN Data**

¿Lo necesitas o lo quieres? / Colleen Hord.
(El Pequeño Mundo de Estudios Sociales)
Includes bibliographical references and index.
ISBN 978-1-61741-793-1 (hard cover - english) (alk. paper)
ISBN 978-1-61741-995-9 (soft cover - english)
ISBN 978-1-61236-711-8 (e-Book - english)
ISBN 978-1-63430-136-7 (hard cover - spanish)
ISBN 978-1-63430-162-6 (soft cover - spanish)
ISBN 978-1-63430-188-6 (e-Book - spanish)
Library of Congress Control Number: 2014953710

Rourke Educational Media
Printed in the United States of America,
North Mankato, Minnesota

**Also Available as:**
ROURKE'S e-Books

**rourkeeducationalmedia.com**

customerservice@rourkeeducationalmedia.com
PO Box 643328 Vero Beach, Florida 32964

¿Conoces la diferencia entre lo que **necesitas** y lo que **quieres**?

Lo que necesitas es algo que debes tener para vivir una vida segura y saludable. Alimentos, ropa y **albergue** son ejemplos de cosas que necesitas.

Lo que quieres es algo que te gustaría tener pero que no lo necesitas para sobrevivir. Un video juego nuevo es un ejemplo de algo que quieres.

Algunas veces ves un juguete nuevo en el televisor y piensas que de verdad lo necesitas. Tú puedes estar seguro y saludable sin juguetes nuevos.

## Datos

Cada año se invierten más de 2 billones de dólares en comerciales dirigidos a los niños. Estos comerciales te hacen pensar que necesitas los productos.

Cuando tienes suficientes alimentos, albergue y ropa, tu familia puede comprar cosas extra que tu quieres, como juguetes nuevos.

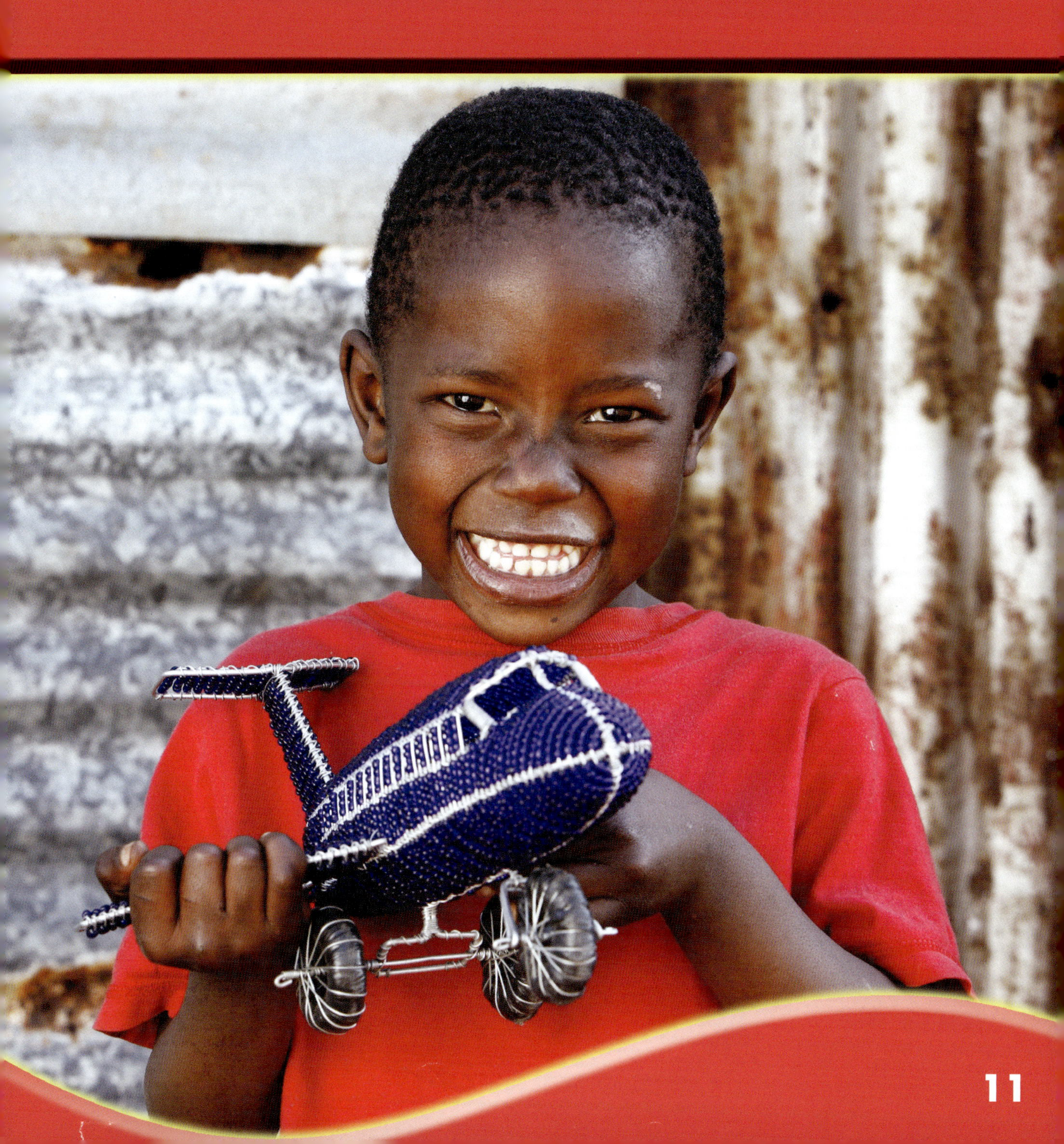

En tu **comunidad** hay algunas personas que necesitan alimentos y ropa. Tú puedes ayudar al **donar** ropa o alimentos a los **centros de donación**.

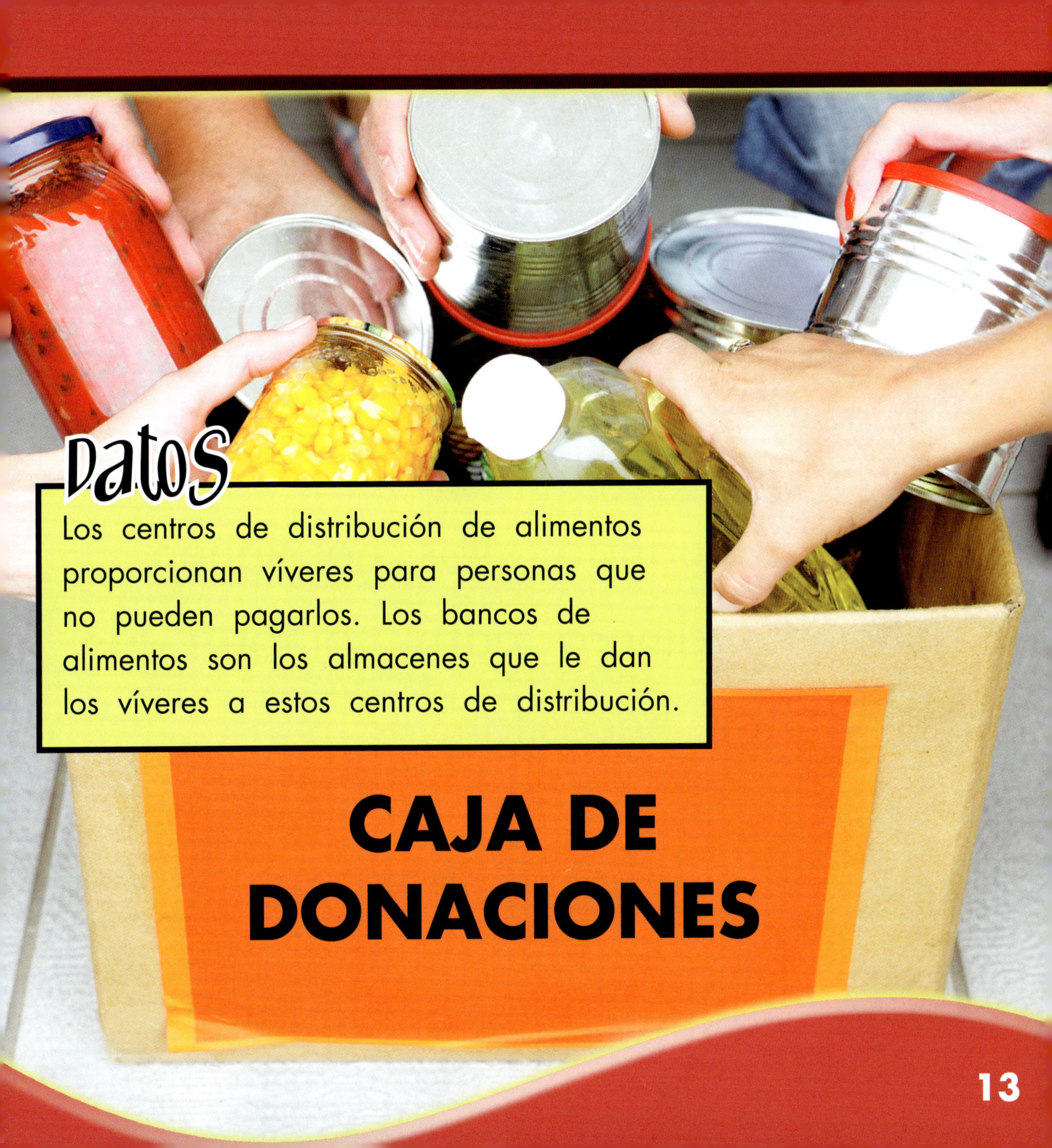


## Datos

Los centros de distribución de alimentos proporcionan víveres para personas que no pueden pagarlos. Los bancos de alimentos son los almacenes que le dan los víveres a estos centros de distribución.

Los centros de donación ayudan a las personas a obtener alimentos y ropas cuando ellos no tienen suficiente dinero para comprar las cosas que necesitan.

*Tú puedes ayudar donando ropa y zapatos que ya no te sirven o que ya no usas.*

Tú eres un miembro de la comunidad responsable cuando ayudas a otros a obtener las cosas que necesitan.

Tú también puedes ayudar a otros a obtener las cosas que quieren. Puedes donar juguetes o juegos.

*Puedes donar algunos juguetes con los que ya no juegas a un albergue de desamparados.*

¡Qué bien se siente cuando ayudas a otros a obtener las cosas que necesitan y quieren!

# ¿Qué necesitas? ¿Qué quieres?

# Glosario Ilustrado

**albergue**: Una casa o lugar donde vivir.

**centros de donación**: Lugares donde las personas pueden llevar ropa y alimentos para personas necesitadas.

**comunidad**: Un lugar donde un grupo de personas viven, trabajan y se preocupan el uno por el otro.

**donar**: Dar algo a alguien como un regalo.

**necesidad**: Algo que debes tener para estar seguro y saludable.

**querer**: Algo que quieres tener pero que no necesitas para estar saludable y seguro.

# Índice



## Sitios Web

www.kidscanmakeadifference.com
www.jfklibrary.com
www.kids.gov

## Acerca del Autor

Colleen Hord vive en una pequeña granja con su esposo, llamas, gallinas y gatos. Ella disfruta el kayak, acampar, caminar en la playa y leerle cuentos a sus nietos.